Kaj Smo,
Ko Smo

**What We Are
When We Are**

MINGLING VOICES
Series editor: Manijeh Mannani

Give us wholeness, for we are broken.
But who are we asking, and why do we ask?
　　　　　—Phyllis Webb

Mingling Voices invites the work of writers who challenge boundaries, both literary and cultural. The series issues a reminder that literature is not obligated to behave in particular ways; rather, it can defy convention and comfort and demand that readers summon the courage to explore. At the same time, literary words are not ordinary words, and the series implicitly raises the question of how literature can be delineated and delimited. While *Mingling Voices* welcomes original work—poems, short stories, and, on occasion, novels—written in English, it also acknowledges the craft of translators, who build bridges across the borders of language. Similarly, the series is interested in cultural crossings, whether through immigration or travel or through the interweaving of literary traditions themselves.

Series Titles

Poems for a Small Park
E.D. Blodgett

Dreamwork
Jonathan Locke Hart

Windfall Apples: Tanka and Kyoka
Richard Stevenson

Zeus and the Giant Iced Tea
Leopold McGinnis

Praha
E.D. Blodgett

The Metabolism of Desire:
The Poetry of Guido Cavalcanti
Translated by David R. Slavitt

kiyâm
Naomi McIlwraith

Sefer
Ewa Lipska, translated by Barbara Bogoczek and Tony Howard

Spark of Light: Short Stories by Women Writers of Odisha
Edited by Valerie Henitiuk and Supriya Kar

Kaj Smo, Ko Smo /
What We Are When We Are
Cvetka Lipuš, Translation by Tom Priestly

what
kaj
we are
smo,
when
ko
we are
smo

Cvetka Lipuš

Translation by Tom Priestly

AU PRESS

Translations copyright © 2018 Tom Priestly
Published by AU Press, Athabasca University
1200, 10011 – 109 Street, Edmonton, AB T5J 3S8

ISBN 978-1-77199-249-7 (pbk)   ISBN 978-1-77199-250-3 (pdf)
ISBN 978-1-77199-251-0 (epub)   doi:10.15215/aupress/9781771992497.01

Cover design by Natalie Olsen, kisscutdesign.com
Interior design by Sergiy Kozakov
Printed and bound in Canada by Friesens

Library and Archives Canada Cataloguing in Publication

Lipuš, Cvetka, 1966–, author
    Kaj smo ko smo = What we are when we are / Cvetka Lipuš; translation by Tom Priestly.
(Mingling voices)
Poems.
Issued in print and electronic formats.
Poems in Slovenian with English translation on facing pages.
    I. Priestly, Tom, 1937–, translator II. Lipuš, Cvetka, 1966–. Kaj smo ko smo. III. Lipuš,
Cvetka, 1966–. Kaj smo ko smo. English. IV. Title. V. Title: What we are when we are.
VI. Series: Mingling voices

PG1919.22.I628A2   2018 891.8'415   C2018-905099-3
                                                  C2018-905100-0

We gratefully acknowledge translation funding provided by Literatur und Verlagswesen,
Büchereien, Bundeskanzleramt, Österreich and title funding provided by the Austrian
Canadian Council. We acknowledge the financial support of the Government of Canada
through the Canada Book Fund (CBF) for our publishing activities and the assistance
provided by the Government of Alberta through the Alberta Media Fund.

Canadä   Alberta
              Government

Contents

Foreword

In "Passage" (as in many of her poems), Cvetka Lipuš reminds us that we come to know ourselves by each day's experiences: "I thread days onto the year's necklace. / The dark ones and the light ones, as they travel / through me, all start to gleam." The more experiences that travel through us, the greater our capacity to perceive the world. Lipuš expresses her experiences in Slovenian, which, like all languages, is a habitat for a group's knowledge. Translated into English by Slavic scholar Tom Priestly, *What We Are When We Are* provides English readers, for the first time in book form, access to the knowledge of this gifted poet. And what is lost in each poem's translation? As a monolingual person, I take heart in Swedish poet Tomas Tranströmer, who, in his acceptance speech for the *Neustadt Prize,* said, "The poem as it is presented is a manifestation of another, invisible poem, written in a language behind the common languages. Thus, even the original version is a translation. A transfer into English or Malayalam is merely the invisible poem's new attempt to come into being. The important thing is what happens between the text and the reader."

Each time I read a translated poem, an image, a thought, a perspective, once hidden from me, is revealed. I am given a new experience, a chance to widen the scope of my perceptions. Sometimes that new perspective is a recognition that, regardless of language and culture, we share many of the same root concerns and questions. Seeing the familiar in the strange is not only a comfort but expands the gift of empathy.

Much of Lipuš's work is concerned with the hidden, the invisible, the buried—the strange but familiar forces that reside just outside of our consciousness, as when "somebody in the depths of consciousness / makes for the surface, somebody within me / suddenly grabs my wrist" ("The Look of Consciousness"). Thresholds and liminal spaces are also felt throughout the book, and the poems move with the rhythm of breath, drawing us into Lipuš's dreams and imagination, then releasing us back into her present.

In "Sleeplessness," we read,

> I shut my eyes and
> sibilant consonants unscrew themselves from words,
> they rent the five thousand fifth floor of the
> Tower of Babel and they lose their harmony.

And later in the poem,

> Just for a moment I shut my eyes and
> shares fall on stock exchanges.
> An alligator in the Florida swamps munches
> the foot of a tourist and excretes it
> in the shape of a cowboy boot
> size thirty-eight.

Lipus's imaginative leaps are playful and, at the same time, often so startling as to have a visceral effect. We feel ourselves launched from the ordinary into the extraordinary. We sense a glimpse of the unconscious, the hidden. Our perceptions widen.

Lipuš's ability to step outside of herself creates arresting images. Probing the surreal experience of moving into a new house but feeling only the presence of its past inhabitants, Lipuš writes, "On the mailbox is written my name. Now I / check every day to find out if I have arrived at the new address." And in the wonderful "Dear Life," she situates her consciousness inside a body that no longer seems entirely her own. "Now that I am older than myself," she begins. Such lines stopped me in my tracks, their insights exhilarating in their inarguable truth.

This is a magical book: magical in Lipuš's imaginative powers and magical in its transformation into English. In "Holidays," Lipuš writes, "On the neighbouring deck chair / crosswords in a language unknown / to you are being solved." Originally written in a language unknown to me, *What We Are When We Are* may not have solved the questions Lipuš asks of who we are? what is real? what matters? But the ideas and thoughts the book provokes not only expand our perceptions of these questions, they also make us feel less alone with them.

Donna Kane

what
kaj
we are
smo,
when
ko
we are
smo

~ Odprti konec ~

1

Karkoli bo, nobenega kesanja,
nobenega izpraševanja vesti,
če se zbudim v Kuala Lumpurju
s svežim tatujem na desnem ramenu.
Bodočnost skopni v sedaj.
Hic Rhodus, hic salta. Nobenega
nabiranja junaštev v življenjsko
poved, da bi odjeknila v elektronskih
koridorjih naslednikov.
Saj je samo nekaj zgodb:
poraz, zmaga, nadaljevanje in opustitev.
V katerokoli smer grem,
dnevi hodijo za mano
kot vdani psički za gospodarjem.
V Fargu jim zaukažem,
naj stečejo naprej in izsledijo,
kje in kdaj se zgodba konča.

2

Kakor na starih žetonih newyorške podzemnice,
»good for one fare«, življenje ni vaja s kostumi,

Open End

1

Whatever happens, there is no remorse,
no examination of my conscience,
if I wake up in Kuala Lumpur
with a fresh tattoo on my right shoulder.
The future melts into the now.
Hic Rhodus, hic salta. No
collecting of brave deeds into my life's
sentence, which might resound in the electronic
corridors of my descendants.
For there are only a few stories:
defeat, victory, continuation and failure.
In whatever direction I go,
the days walk behind me
like obedient puppies behind their master.
In Fargo I command them
to run ahead and track down
where and when the story ends.

2

Like the old New York subway tokens
GOOD FOR ONE FARE, I read on the rattling local

berem na drdrajočem lokalnem vlaku.
V hipu se prelevim v kraljico modre krvi
in bogatih posestev. V palačnem steklenjaku
obrezujem vrtnice, cepim gredne na steblo,
vzpenjavke, skrbno negovane, se kot
balerine na konicah prstov vzpenjajo v slavoloke.
Ker je pogost nezaželeni učinek krone glavobol
ali v redkih primerih, svarijo svetovalci, celo izguba glave,
preidem pri naslednji postaji v pilotko.

Kapitanka zraka v temni obleki elegantno
švigam od prestolnice do prestolnice, a ko
varnostniki zahtevajo sezuvanje čevljev,
se preizkusim v globokomorskem potapljanju.

Kjer mrak meji na temo, molijo gruji glave
iz ustij amfor antičnih brodolomov. Prirasle
morske vetrnice stražijo ladijsko pokopališče.
Lebdim, kisikova buba, med mečarico in loparjem.
Ko se vlak ustavi na šestindevetdeseti cesti, izstopim,
nenadoma ne povsem na jasnem, kaj
je iztočnica za moje življenje, ki čaka v
trenirki pred zaslonom.

train that life is not a dress rehearsal.
In a moment I change my skin into that of a blue-blooded
queen with rich possessions. In the palace greenhouse
I prune roses, I graft shoots onto the stalk,
carefully tended climbing plants climb up
triumphal arches like ballerinas on tiptoe.
Since a headache is the often unwanted effect of a crown,
or in rare instances, advisors warn, even the loss of the head,
I shall become the pilot at the next station.

A captain of the air in a dark dress, elegantly
I streak from capital to capital, and when
the security guards demand that shoes be removed,
I shall test myself with deep-sea diving.

Where the gloom borders on darkness, moray
eels stretch out their heads from the mouths
of amphoras of antique shipwrecks. Firmly attached
anemones guard the ships' cemetery. I, an oxygen chrysalis,
hover between a swordfish and a basking shark.
When the train stops at Ninety-sixth Street, I get out,
suddenly not really clear as to what
is the password for my life, which waits
in a jogging suit before the screen.

3

Poskusi, stisni se obme,
boš videl, da vsaka porica
šepeta zgodbo: Spori, sprave,
tajne, večne in nekoliko krajše ljubezni,
nepričakovani zapleti, zamenjave,
ločitve, snidenja, srečni in skorajda
srečni konci vrtijo junake, večje od življenja,
na vrvici vsevednega pripovedovalca.
Zločini, izdaje, umori, prevare,
lepotna znamenja na razgreti polti.
Dotakni se pravega mesta: oblečem jih
v verz in potrkam na vrata soneta.

4

Brez besed postaneš meso, tempelj mesa.
Rebrasto ohišje na mečastih stebrih.
Vstopi v pljuča: razgrnjena, skrbno zlikana
v skrajnik za jambor hrbtenice. Dih ponese
telo, živi tovor, skozi noč. Preko vrtincev
zavesti, ki potegnejo v globino, da na dnu
ugibaš, kaj je pri genetskem zapisu šlo narobe,
zakaj se celice ne razporedijo v slavnostno
parado, mimo katere bi odkorakala v medeni spanec.

3

Try it, snuggle up to me,
you will see, every little pore
whispers a story: arguments, reconciliations,
secrets, eternal and rather briefer loves,
unexpected complications, substitutions,
separations, reunions, happy and almost
happy endings, all spin the bigger than life heroes
on the string of the omnisicient narrator.
Sins, betrayals, murders, deceptions,
beauty spots on a heated complexion.
Touch the right place: I shall clothe them
into a verse and knock on the door of a sonnet.

4

Without a word you become flesh, a temple of flesh.
A ribbed casing on pillarlike calves. Step into
the lungs: unfolded, carefully ironed into a forepeak
for the mast of your spine. Breath carries the body,
a live cargo, through the night. Across the whirlpools
of consciousness, which extend into the depths so that
you speculate on the bottom, what might have gone wrong
with the genetic record, why do the cells not line up in a solemn
parade past which you might march off into a honey-sweet sleep.

5

Včasih se vrnem iz sna
vsa tuja sebi: kdo je obesil
nazore visoko in svetlo kakor
lampijone na križarki?
Kdo je sestavil leta v življenjepis
brez naslova? Čemu gori vest,
pozabljena lučka na skrinjici
zavesti? Treba se bo vrniti
v telo, a vsaj še hip ali dva,
preden se navadim nase.

5

Sometimes I come back from a dream
quite alien to myself: who hung
the assumptions up high and bright like
Chinese lanterns on a cruiser?
Who composed the years into a biography
without a title? Why does my conscience burn,
a forgotten little lamp on the box
of consciousness? I am dragged back
into my body, but needing a moment or two
before I get accustomed to myself.

Regrets

Ko bi lahko prestavil čas
kakor jeseni, ko premaknemo
urine kazalce nazaj,
a bi jadral skozi sebe
po nebesni karti prednikov,
mimo babic in dedkov,
ki z nasveti in svarili zaznamujejo
navigacijsko pot,
po kateri plujejo nasledniki
pod zastavo »kdor visoko
leta, nizko pade« –
v vedno večje število.
Bolj bi spustil komolec
angela in skočil,
skočil.

Regrets

If you were to change the clock
as we do in the fall, when we move
the clock's hand back,
would you steer through yourself
by the heavenly map of your ancestors,
past grandmothers and grandfathers,
who with advice and warnings
indicate the navigational path,
along which sail your descendants
under the flag "who flies high,
falls low"—
in greater and greater numbers.
Or would you rather let go of the angel's
elbow and jump,
jump.

Jutranja vožnja

Jutro vrže vrv,
po kateri plezaš v večer.
Kamorkoli se povzpneš,
telo, samoglasnik s tujim naglasom,
vzdrži korak.

Dih barva kostni mozeg jesensko,
a ko se prikaže sonce, megazvezda
na zemeljskem odru, rano in
visoko skočiš v dan.

Obstret truda druži
zgodnje na podzemski.
Tam med pljučnima kriloma
mehki del zahteva svoj delež:
temu dnevu bi se prilegla
pesem z visokimi petami.

Ko se odpre beseda,
staromodno zardiš.
V poslovni obleki se ne
spodobi v enajsterec, kaj šele
v razuzdani verz.

Morning Journey

Morning throws you a rope
you use to clamber along to the evening.
However far up you get,
your body, a vowel with a foreign accent,
keeps in step.

Breath gives autumnal colours to bone marrow,
and when the sun appears, a mega-star
on the stage of the earth, early and high
you leap into the day.

The halo of hard work unites
the early birds on the subway.
There between the wings of lungs
the soft part demands its share:
a song with high heels
should be be suitable for this day.

When the word opens out
you blush in an outmoded way.
In office clothes it does not belong
in an iambic pentameter, not to mention
a line of free verse.

～ Kaj bi ～

Moj oče bi bil rad španski kralj,
mama Humphrey Bogart. Stari oče
bi bil chef de cuisine na ruski fronti,
namesto prekuhane žagovine in snežnega kruha
govedino stroganov za vse.
Prababica je trdno držala skupaj vogale hiše,
da je skregana žlahta ne bi spravila na boben.
Ko je v časopisu ugledala podobo zadnje
havajske princeske, je sanjala o čudovitem
klobuku prestolonaslednice, o otokih,
ki bi jih ona znala držati skupaj;
nje Američani ne bi spravili ob prestol.
Stari stric, preden se je armada njegovih
možganov obrnila proti njemu in mu
požgala mesta in vasi, bi bil Gagarin.
Ni ga veselilo v vesolje, a še manj domov.
Babica, ki si je želela biti rojena v znamenju cveta,
po smrti ureja rodbinske grobove na
svojem pokopališču – in kaj boš ti,
ko končaš šolo sanj?

My father would have liked to be the Spanish king,
Mom—Humphrey Bogart. Grandfather would have liked
to be the chef de cuisine on the Russian front,
instead of cooked sawdust and snow bread
beef stroganoff for everybody.
Great-grandmother held the four corners of the house together,
so that her quarrelsome relatives wouldn't do her in.
When she saw in the newspaper a picture of the last
Hawaiian princess, she dreamt about the gorgeous hat
of the heir to the throne, about the islands
which she would know how to hold together;
the Americans would not have dethroned her.
My great-uncle, before the army of his brain
turned against him and burned down his
towns and villages, wanted to be Gagarin.
He was not happy going into space, even less going home.
Grandmother, who wished she had been born under the sign
of the flower, after her death arranges her family graves in
her cemetery—and what would you like to be,
when you graduate from the school of dreams?

Zaposlitev

Oglasa ni več, a nebo še vedno vabi v svoje vrste strokovnjaka ali strokovnjakinjo za produkcijo oblakov. Zaradi povečanega obsega dela išče iznajdljivo in spretno osebo, ki bi pomnožila oblake, ne da bi sprožila plohe ali neurja. Poleg tehničnega znanja pričakujemo dobre komunikacijske veščine ter odlične pogajalske sposobnosti. Saj boste morali prepričati stranke, ki že tisočletja sklepajo svete posle v zavetju kristalnih foteljev, da si bo treba v prihodnje deliti prostore. Kako jih prepričate o nujnosti ekspanzije, je prepuščeno vaši presoji. Če se bodo sklicevali na višjo oblast, jim lahko na samem, brez prič, zagrozite s striženjem kril. Predpostavljamo odlično znanje vetrnega jezika, narečja nebesnih smeri in vsaj osnovno razumevanje stare hebrejščine. Ste ambiciozni, ste že kdaj vlagali kresnice v kozarce in se ne bojite višine? Naslovite svojo prijavo na nebo s pripisom »računalniški oblak«.

∼ Employment ∼

Ads have been pulled, but the sky continues to invite into
its ranks a specialist, male or female, in the production of clouds.
Given the increase in the scope of the work, it seeks an inventive
and skilful person to multiply the number of clouds without
triggering showers or storms. As well as technical know-how
we expect good communication skills and outstanding
negotiating abilities. You will have to convince customers
who for millennia have been concluding their holy business
from the refuge of crystal armchairs that in future they will have to
share their space. How you will persuade them of the necessity
of expansion is left to your own judgement. If they should refer
to higher authority, you may on your own initiative and
without witnesses threaten them with having their wings clipped.
We presuppose an excellent knowledge of the language of the winds
and the dialect of heavenly directions, and at least a basic
comprehension of Old Hebrew. Are you ambitious, did you ever
put fireflies into jars, and are you unafraid of heights?
Address your application to the heavens with the subject line "cloud."

Sanje

Freud se v snu nasmiha, ko se prepoteni in
zbegani zbujamo v zavedanje. Pol noči
smo begali po stranskih ulicah in slepih poteh
nezavednega, ki nam je vrtelo kompilacijo
večnih hitov. Padali smo v brezna, ko so
nam bili tik za petami; sredi čudnih
izpitov so se nam drobili zobje, v Adamovem
kostumu smo lebdeli nad cunamijem, ki je
zajel pokrajino otroštva. A občasno nam
zaigra kakšno v kratkočasje: Mati Tereza,
mlada in rdečelična, se oglasi na skodelico čaja.
Brž pripravim pladenj slaščic, a piškoti se
množijo, množijo. Nenadoma so povsod:
na mizi, na stolih, v kadi, v čevljih, na glavi
častitljive gostje, v gubah njene bele obleke,
ki jo neroda polijem z darjeelijem. Osramočena
ji ponudim svojo garderobo. Mati Tereza
vzdihne, si izbere moje najljubše kavbojke
in vpraša zajčje spremstvo, ki navdušeno
skaklja po nebu in naju obmetava z deteljnimi
kosmiči, ali se lahko končno vrne domov.

The Dream

Freud smiles in his sleep when we, bathed in sweat
and confused, emerge into wakefulness. For half the night
we were wandering along sidestreets and cul-de-sacs of the
unconsciousness, which was playing for us a compilation
of evergreen hits. When they were right on our heels,
we fell into bottomless pits; in the middle of
bizarre tests we were gnashing our teeth, wearing Adam's
clothes we floated over a tsunami, which had engulfed the
landscape of our childhood. On occasion it plays for us a
tune to pass the time: Mother Teresa, young
and chubby-cheeked, drops by for a cup of tea.
I hurriedly prepare a tray of pastries, but the cookies
pile up, pile up. Suddenly they are everywhere:
on the table, on the chairs, in the bathtub, in the shoes,
on the head of the noble guest, in the folds of
her white dress, over which clumsy me pours Darjeeling tea.
Ashamed, I offer her my wardrobe. Mother Teresa
sighs, picks out my favourite jeans and asks
her accompanying hares, who hop enthusiastically
across the sky and pelt us with clover flakes,
whether she can finally go back home.

Dediščina

Nekdo pravi, odkar sem se vrnil,
hodim na pogrebe gledat, kaj
se prenaša iz roda v rod.
Koktajl genov: nekaterim se
pozna na nosu, drugim na bokih,
določenim še primes tajne sestavine.
Sum, fusnota družinskih albumov.
Zgodbe se zaklenejo, ko protagonisti
sestopijo z zemlje. Skrivna ljubezen
spremeni preostalega v siroto,
saj ni več osebe, ki bi lahko s pogledom
odprla davno zgodbo v življenje,
v poletni večer na balkonu, ko je dan,
do vrha naložen kamion z vročino,
zapeljal sonce domov. Otroci so se na
zapuščenem pločniku igrali ristanc.
Pri počitku na razbeljenem nebu so bosi
poskakovali z ene noge na drugo.
Namesto domov k svojim se je
nepričakovano obrnil in jo prijel za roko.

Inheritance

Someone says, since I came back,
I go to funerals to see what is passed on
from generation to generation. The cocktail
of genes: some you recognize by
the nose, others it's the hips, certain
people by a blend of secret ingredients.
O doubt, you footnote to family albums.
Stories are locked away when protagonists
come down from the earth. A secret love
changes the one who is left into an orphan,
for the person no longer exists who might with
a glance bring to light an ancient tale,
one summer evening on the balcony when the day,
a truck loaded high with heat,
was driving the sun home. The children were
playing hopscotch on the empty sidewalk.
Whenever they, barefoot, paused on the white-hot
rest area, they hopped from one foot to the other.
Instead of going home to his own folks he
unexpectedly turned and took her by the hand.

Vdova

Starost prispe kot tovorna
ladja v gosti megli.
Zamolkli zvok roga jo najavlja,
a kljub temu presenečenje,
ko v izložbi zazna svoje obrise.
Temna podoba, potegnjena
iz vrtinca družbe, se potaplja
v tišini sten, večera, kjer se
osirotel krožnik privaja na
samski stan. Spomin se ob
dotiku preteklosti zapre kot školjka –
vse je para ali rezilo, ki
odpre prve objeme – izgubljeni
biseri na dnu desetletja v dvoje.

The Widow

Old age arrives like a cargo
ship in a thick fog.
The faint sound of a horn announces it,
but it is a surprise all the same, when it
recognizes its outline in a window display.
A dark figure, pulled from the
turbulence of society, sinks in the
silence of the walls, of the evening, where
an orphaned plate gets used to
being single. At the touch of the past,
memory closes up like a clam—
all is vapour, or a blade that
opens the first embraces—lost
pearls on the bottom of decades as a pair.

∽ Deseti januar ∽

Nekdo odide
Razširi krila preko
krhkega gnezda diha
kakor da je sapa
samo mera časa
Nekdo odide
v temni žakelj zemlje
kakor da je svetloba
samo stvar izbire
Pogasi svojo zvezdo
na stropu sveta ko
prečka reko praznih ust
Nekdo stopi
v onstran kakor da
bi izstopil na neznani
železniški postaji
Položim glavo
na tračnice
Povozi me tišina

January Tenth

Somebody is going away
He spreads his wings over
the brittle nest of breath
as if respiration
were just a measure of time
Somebody is going away
into the dark sack of the earth
as if light were
just a matter of choice
He extinguishes his star
on the roof of the world as
he crosses the river with empty mouth
Somebody steps to
the other side as if
he were exiting at an unfamiliar
railway station
I lay my head
on the tracks
Quietness runs over me

∼ Koncert za glas in nebo ∼

1
Adagio

Januarski mraz grize rebra hiše.
Sneg v debelih kosmih pada
na križišče, na utripajoči semafor,
na čakajoče avte, na gole veje,
na ptičjo krmilnico, na tilnik, ko
stopiš na balkon, da premešaš bol
v skrbno odmerjene zloge, ki se
bodo vrtinčili v reki pogovora
kakor snežinke v svetlobnem stožcu.

2
Allegro misterioso

A se gore uležejo na prsi kot
senca na rentgenski sliki, bolj
zasujejo sapo tistim, ki padajo,
padajo vase padajo skozi ure,
ki se vlečejo in vse stoji, padajo
skozi dneve, ki so jim vsi enaki –
nikogar ne pričakujejo posebej,
padajo v premore sredi pogovora,
padajo kot sneg na nago zemljo,
v kateri obležijo, slečeni življenja.

Concerto for Voice and Sky

1

Adagio

The January frost gnaws at the ribs of the house.
Snow in fat clumps is falling
on the crossroads, on the pulsating traffic lights,
on the waiting cars, on the bare branches,
on the bird-feeder, on the back of your neck when
you step onto the balcony, to mix
your pain into carefully measured syllables,
which will swirl in the river of your conversation
like snowflakes into a cone of light.

2

Allegro misterioso

Do the mountains settle on your breast like
shadows on an X-ray, or do they bury
the breath of those who fall,
fall into themselves fall through the hours,
which drag on as everything stands, fall
through the days, which are all the same to them—
they expect nobody in particular,
they fall into the pauses in the conversation,
they fall like snow onto the bare earth,
in which they remain lying, denuded of life.

3

Andante

Ko se na Rimski cesti zvezde
sprehajajo v parih, v brezhibni
razporeditvi tolmačijo prihodnost:
kako dolgo bo še novoletni hlad
stiskal zobe, kdaj se bodo sneženi
možje stalili do korena, kje bodo reke
vdrle v klet, kdo bo stopil v temo,
ti bo nebo vrnilo koga v objem.
Kaj nosiš v sebi, koliko diha, koliko
utripov, koliko besed, preden se
stopiš, snežinka, na polti sveta.

3
Andante

When on the Milky Way the stars stroll
along in pairs they interpret
the future in an impeccable formation:
how long will the New Year's cold make
you grit your teeth, when will the snowmen
melt to their roots, where will the rivers flood into
the cellar, who will merge with the darkness,
whom will the sky bring back into your arms.
What do you carry within you, how much breath, how
many heartbeats, how many words, before you,
snowflake, land on the flesh of the world.

Težki od časa

se osipajo dnevi, se leta luščijo kakor barva s sten.
Goli čas splaši nekatere v cerkvene veže, pred
stranske oltarje, drugim življenje nenadoma zadiši
po nevihti, s treskom jih bo odneslo kam drugam.
Srečneži samo zatisnejo oči in upanje se obarva
rdeče v siju gorečega grma. Ti se odprejo
v prijaznost, drugi se zapirajo kot lokvanj
v močvirju. Nekateri se hrabrijo, ko prisluškujejo
tiktakanju rakove ure v telesu, redki splavijo
bojne ladje in jih naperijo vase. Marsikdo ugiba:
se bo spomin zametel kot sled snega, se bo
pojem poslovil od pomena, bodo obrazi
zašli v zapuščeni hiši duha?

Heavy with Time

the days are shed, the years peel like paint off walls.
Naked time frightens some people into church vestibules,
towards side altars, for others life suddenly smells of a
storm, with a thunderclap it will carry them off somewhere.
The lucky ones simply close their eyes tight and hope
turns red in the brilliance of the burning bush. Some open
themselves up to friendliness, others close like water-lilies
in a marsh. Some become bold when they notice the sound
of the ticking of the cancer clock in the body, a few
launch warships and point them at themselves. Many try
to guess: will memory be swept away like a trace of snow,
will the term take leave of its meaning, will the faces go astray
in the abandoned house of the soul?

Naj sonce ne zaide nad jezo

V tišino prižgeš butaro besed.
Uvod v začudenje, kaj te je
zavedlo v ta predel mesa.
Bojna enota se razporedi v žrelu.
Pehotni vod koraka po zobeh:
vsi nared za napad. Prekipeva žolč,
tla se zibajo pod nogami,
krvni tlak trka po aorti kot
strojevodja po kolesih vagona,
dokler nisi do grla polna zamere,
slepe potnice, ki ošili obraz.
Strahopetno srce se zavije v
belo zastavo in spodbuja razum:
Daj, zaustavi armado razdraženih
celic, preden jih premaga bol.

Let Not the Sun Go Down on Your Anger

Into the silence you light a bundle of words.
An introduction to your bewilderment about what
has misled you to this region of the flesh.
A battle unit is forming in your gullet.
A line of infantry is marching around your teeth:
all of them ready for the attack. The gall boils over,
the floor lurches under your feet,
your blood pressure knocks in your aorta like
an engineer checking the railcar's wheels,
until you are fed up with resentment,
that blind companion who sharpens your face.
Your timid heart wraps itself in
the white flag and encourages good sense:
Come on, stop the army of irritated
cells before they are vanquished by pain.

Slovo

Podoben neurju stopiš iz
spomina, pretesnega za dih,
in se pripneš na uspeh.
Od glave do peta naravnan
na delo zavihaš rokave
in se lotiš sveta z golimi
rokami. Voljo napneš kot
mrežo, v katero se ujemajo
dnevi, raskavi, odrgnjeni,
dodobra obtolčeni, kajti
nekdo loputa z vrati v tebi,
nekdo, ki je prestopil prag.

Saying Goodbye

Like bad weather you step out of your
memory, which is too tight to breathe,
and you clutch at success.
From head to toe focused
on work, you roll up your sleeves
and take on the world
barehanded. You tighten your will
like a net in which are caught
the days that are rough, worn away,
thoroughly bruised, because
someone is slamming the doors inside you,
someone who has crossed the threshold.

Nespečnost

Samo za hip zaprem oči in
Boston se prevrne v svoj pristan.
Osemdeseta leta me obiščejo v neonskih
barvah, me zvijejo v cigareto.
Portoriko se naveliča Karibov.
Potone kakor podmornica in se
pojavi sredi Mediterana. Presenečene
ladje vabi s temnim rumom v postoj.
Na palubnih ležalnikih me čakajo
moji dragi soproge in soprogi.
Gremo se človek ne jezi se,
poraženec potaplja nože.
Samo za hip zaprem oči in
šumevci se izvijejo iz besed,
najamejo pettisočpeto nadstropje
Babilonskega stolpa in zgubijo sozvočje.
Šesta soproga se preseli v Panteon,
vzame s sabo vso srebrnino, celo poročni
rogaški kristal za božansko služinčad.
Haiti pretrese Guantanamo do kosti.
Tirolska osvoji Italijo, odredi obvezno
opoldansko jodlanje z vsakega kampanila.
Sicilija skoplje tihotapski rov do Soha.

～ Sleeplessness ～

Just for a moment I shut my eyes and
Boston tumbles into its harbor.
The eighties come to visit me in neon
colours and roll me into a cigarette.
Puerto Rico is tired of the Caribbean.
It sinks like a submarine and surfaces
in the middle of the Mediterranean. With dark rum
it invites the surprised ships to anchor.
Waiting for me on deck chairs are
my dear wives and husbands.
We play the man-don't-get-mad game,
the one who loses sinks his knives.
Just for a moment I shut my eyes and
sibilant consonants unscrew themselves from words,
they rent the five thousand fifth floor of the
Tower of Babel and they lose their harmony.
The sixth wife moves into the Pantheon, taking
with her all the silverware, even the wedding crystal
from Rogaška Slatina for the gods' domestic staff.
Haiti shakes Guantanamo to the bones.
The Tyrol takes possession of Italy, decrees mandatory
noontime yodelling from every campanile.
Sicily digs a smuggling tunnel to Soho.

Šesta soproga se vrne praznih rok.
Samo za hip zaprem oči
in povšter se loti lobanje:
a bo že končno mir?
Jupiter povabi izvidniške satelite
na medplanetarno zasedanje.
Za zaprtimi vrati radovednežem grozi
z medgalaktično vojno. Antarktiko
bodo stopili kot sladoled na plaži,
nebotičniki, svetilniki sredi oceana.
Peti soprog odpelje prvo soprogo
v Soho na sicilijanske sladke zvitke.
Sinoda zdravnikov mi meri tlak,
pravi, naj se samo sprostim.
Samo za hip zaprem oči
in delnice padejo na borzah.
Aligator v floridskem močvirju
pohrusta nogo turista, jo izloči
v obliki kavbojskega škornja
številka osemintrideset.
Sosedovo prekrasno mačko na
slemenu strehe ljubkuje mesec, da
vsi moji soprogi kukajo izza zavese
in si raznoženo brišejo solze.
Atlantik položi na Adrijino dlan
naftno ploščad in jo prosi za roko.

The sixth wife returns empty-handed.
Just for a moment I shut my eyes and
the pillow gets down to business with my cranium:
will there be peace, finally?
Jupiter invites the reconnaissance satellites
for an interplanetary conference.
Behind closed doors he threatens the snoopers
with an intergalactic war. They will melt the
Antarctic like ice-creams at the beach,
skyscrapers, light-houses in the middle of the ocean.
The fifth husband makes off with the first wife
to Soho for Sicilian sweet rolls.
A synod of doctors measures my blood pressure,
they tell me I should just relax.
Just for a moment I shut my eyes and
shares fall on stock exchanges.
An alligator in the Florida swamps munches
the foot of a tourist and excretes it
in the shape of a cowboy boot
size thirty-eight.
The neighbours' splendid cat on the
gable of the roof is kissed by the moon, so that
all my spouses peek from behind the curtain
and emotionally wipe away their tears.
Mr. Atlantic places an oil rig on the palm
of Ms. Adriatic and asks for her hand.

Odprem oči in naštete ovce se
poženejo čez plot, se napasejo
solate v vrtu najljubše soproge,
ki se jezi, name se ni zanesti,
in se izseli v Babilonski stolp
s pogledom na razjarjene jezike.
Amsterdam zajame potovalna
mrzlica, odpluje na izlet v Rotterdam.
Spotoma si ogleda vrtove Keukenhof.
Ovce se lotijo tulipanov in narcis.
Nizozemska ponudi Brooklynu
zapuščeno zemljišče. Modrooki
soprog, lastnik rumenega taksija,
se razočaran vrne domov.
Urina kazalca obležita v ovinku
pol pete. Ponovno zaprem oči
in levo zrklo vpraša desno:
A končno že spiš?

I open my eyes and the sheep I have counted
dash away over the fence, graze on
the salad in my favourite wife's garden,
who gets angry, I am not to be trusted,
and moves away to the Tower of Babel
with a view of the wrathful languages.
Amsterdam catches the travel fever,
swims away on an excursion to Rotterdam.
En route it looks round the Keukenhof Gardens.
The sheep start on the tulips and daffodils.
The Netherlands make an offer of their
deserted property to Brooklyn. The blue-eyed
husband who owns a yellow taxi
comes back home disappointed.
The hands on the clock stay down in the corner
of half past five. Once again I shut my eyes
and the left eyeball asks the right:
Are you asleep, finally?

∾ Novi naslov ∾

Preproga sredi dnevne sobe, izobešena zastava,
katere barve se naveličam takoj, toži zahodno okno,
kaj šele vzorcev kavča in povštrov. Vrata škripajo
povsem s tečajev: Kako naj jih bijemo po petah,
nihče nas ne zapira? Stoli držijo drug drugega v šahu.
Ni še jasno, komu pripada najbolj priljubljeno mesto.
Stanovalci se nas oklepajo kot gostje, šepeta pribor.
Kozarci, skodelice, kavni lončki se družno stiskajo
v tesnejših razmerah. Pazi, da me ne okrušiš,
kregajo sosedo. Soseščina steguje vratove: kdo ali kaj
se je vselilo tam pod sleme strehe, s pogledom na
skalnate grebene, sekalci, ki se ne prilegajo v nobeno
zamišljeno čeljust. Na poštnem predalu je vpisano moje ime.
Sedaj vsak dan preverjam, ali sem prispela na novi naslov.

⁓ The New Address ⁓

The rug in the middle of the living room, the flag hanging,
whose colour immediately makes me sick, the west window
whining, not to mention the patterns on the couch and the pillows.
The door squeaks, most of all its hinges: How am I to tread on their
heels, no one closes me? The chairs have checkmated each
other. It is still unclear who will get the best place.
The occupants cling to us like guests, whisper the cutlery.
The glasses, the cups, the coffee pots cluster close together
in very cramped quarters. Watch you don't chip me, they tell
their neighbours. The neighbourhood stretches its necks: who or
what has moved into that place under the gables, with a view
onto the rocky ridges, the incisors not fitting into any
jaw ever imagined. On the mailbox is written my name. Now I
check every day to find out if I have arrived at the new address.

～ Poglej nas, kako lebdimo ～

1

Ko se priselimo, začnemo hoditi na koncerte.
Kot begunci, ki jih je zaneslo v neznani kraj,
sledimo dirigentu skozi metež zvoka,
dokler klavirske tipke ne potrkajo na razglašena srca.
Sledimo vodiču, lovcu na podgane, ki vleče
za sabo krdelo obiskovalcev skozi cerkve,
palače, mimo kipov generalov, ki jim golobi
urejajo obrvi. Bronaste jezdece zasrbi pod podplati,
ko jih obkrožijo tuji naglasi. Prišleki sledimo
drobtinicam dobrodošlic vse do omizja domačinov.
Postrežejo nam z letnicami na hišnih pročeljih,
s šepetom zakristij, z okruški trdnjavskega zidu,
poškropljeni s soljo kakor preste na šanku,
da se pijani od tuje zgodovine vračamo domov.

2

Snubimo pokrajino, ki nam ponudi zeleno roko
v pozdrav, šele kasneje, po rokovanju,
zaslutimo reko, vodne žile. V toplih žepih kostanj
navaja prste na jesen, ki nas bo stisnila v precep,
da bodo obrazi obledeli, da bodo v bunde
zabubljene postave čudežne barvaste pege na sivkasto

Watch Us Float

I

When we move here we begin going to concerts.
Like refugees who end up in an unknown place,
we follow the conductor through a blizzard of sound
until the notes on the piano knock on our muted hearts.
We follow the leader, the pied piper, who drags after
him a troop of visitors through churches, palaces, past statues
of generals who are having their eyebrows tidied up
by pigeons. The soles of the feet of bronze horsemen itch
when surrounded by strange accents. We new arrivals follow
the crumbs of welcomes right up to tablefuls of locals.
They serve us with the years marked on housefronts,
with the whisper of vestries, with chips from a castle wall,
sprinkled with salt like pretzels on a bar,
so we return home drunk with alien history.

2

We woo the land which offers us its green hand in greeting,
only later, after we shake hands, are we aware of the river,
the veins of water. In warm pockets a chestnut accustoms
our fingers to the fall which will squeeze us into a corner,
so that faces will fade away, so that shapes that are bundled
in parkas will be fantastic chromatic spots on the grayish

rjavem akvarelu. Ko smo na samem, smuknemo
v preteklost kot v domačo haljo. Kako mehko se nam
prižema. V zlatem siju vzide nad nami, ko v jutranji tišini
srebamo kavo in zaspani strmimo v zbegane stole,
ki previdno postavljajo noge na nova tla.

3

Izza zavese škilimo na oder mesta, ki se pripravlja
na delovni dan. Širi se šum pločevinaste gosenice,
ki iz predmestja leze v blišč sredine, kjer si baročni vrt
popravlja pristriženo pričesko v ogledalu tankega ledu,
nared za kamere neštetih gostov, ki še dremajo po
hotelskih sobah. V tujih jezikih sanjajo o rogljičkih,
ki jih vitezi mečejo iz trdnjavskega zida v orkestrsko
jamo. Ko vstopimo v ulični prizor, sprejmemo vse,
kar nam pade v naročje – zastavice s konic
dežnikov azijskih vodičev, slepi pogled putta,
hitro hojo podeželske noše –, in nastavimo obraz
hladnemu zraku, da se zasolzijo oči in se nad reko
prikaže mavrica golobov, not in belih lasulj.

brown watercolour. When we are alone we slip off into the past
as into a bathrobe. How softly it clings to us. In a glitter
of gold it rises above us, as in the morning quiet we sip
our coffee and, half asleep, stare at the puzzled chairs
which are carefully placing their legs on the new floor.

3

From behind the curtain we peek at the stage of the city
preparing for the work day. The noise of a tin caterpillar
reverberates as it creeps from the suburbs into the glare of
the centre, where a baroque garden fixes its clipped haircut
in a mirror of thin ice, ready for the cameras of countless
guests who are still dozing in hotel rooms. In foreign languages
they dream about croissants being thrown by knights
from the castle wall into the orchestra pit.
When we enter the street scene we accept everything
that falls into our arms—the flags on the tips of umbrellas
from Asian tour guides, the blind stare of a putto,
the fast walk of a rural costume, and expose our face
to the cold air, so our eyes start to weep and above the river
appears a rainbow of doves, notes and white periwigs.

∼ Obisk ∼

S slino loščim luno, ki plava na
površju sna. Sezona lova na princeske
se nikoli ne konča, me svari, ko tema
ovije svoje tace okrog mene.
Brez skrbi, tudi ko punca sname nogavice,
pelje večerno kožo na sprehod skozi
blodnjak zavesti, kjer se sprehajajo noži,
ki bi radi zapustili sled, ve, da muze kakor
muhe padajo na sladkor, na blišč, na rdečo
preprogo, zato jih za lahko noč nakrmim z boljšo
bodočnostjo. Odprem šampanjec srca,
natočim si peneče se krvi in – da ni zamere –
nazdravim še zemlji, a ta se ne zgane.
Dovolj ji je prelivanja rdeče tekočine,
ki ji maši pore: niti kihniti ne more, ne da
bi mi snela kosti s kavlja. Zbujena odtavam
po kozarec vode v nočno kuhinjo, kjer
sediš ti in me prosiš za ogenj. Mrtvi ne
kadijo, rečem, prave princeske ponoči spijo,
ne vabijo preminulih v goste, se nasmehneš
in zblediš v siju lune.

The Visit

With my saliva I polish the moon that swims
on the surface of my sleep. The princess-hunting
season is never-ending, it warns me, as
the darkness enfolds me in its paws. No worries,
even as a girl takes off her socks, taking
the evening skin for a walk through the maze
of consciousness, where knives stroll that would
like to leave their trace, she knows that the muses like
flies fall on sugar, on the glare, on the red carpet, and so
as a goodnight treat I feed them with a better
future. I open the champagne of my heart, I serve
myself bubbling blood and—so that it forgives me—
I also toast the earth, but it does not budge.
It is fed up with the outpouring of the red liquid
that fills its pores: it cannot sneeze, lest it take
my bones off the hook. Awake, I wander off
to the night kitchen for a glass of water; you are
sitting there, and ask me for a light. Dead people
don't smoke, I say, real princesses sleep during the
night, they do not invite those who have just died
to visit them, you smile and grow pale in the moonlight.

∾ Noč z grozo v gobcu ∾

Iz štiriindvajsetega nadstropja hotelske sobe so
rjasti vagoni na starem šanghajskem kolodvoru
podobni jeklenim barkam, v katerih ponoči potuje
tema v spremstvu zime. Noč za nočjo stražim v
svetlem hotelskem stolpu železniške pragove za
davne potnike, ki so že pripotovali do svojega
konca. Noč za nočjo polnim njihove obrise z dihom,
dokler se nenadoma nekdo ne obrne in se mi zazre
v oči. Spreleti me samota, potuje kot hlad iz okončin
do središča sape, kot krogla skozi mehko tkivo, da
panično pokličem dežurno receptorko na pomoč.
Čez trenutek ali dva vstopita ženska in otrok,
razporedita čopiče po postelji, jih potunkata v moj
mrzli pot in začneta risati vodene živalce po koži:
bivola, tigra, opico, psa, mačko, zajca, kobilico, ovco,
vola, kačo, bizona, leva, kuščarja, petelina, metulja.
Osvobodila bova bitje, ki se skriva v tebi, šepetata, ko
se na polti množijo podobe. Ko izrišeta zadnjo zver,
stopim k oknu in se poženem z ognjenimi krili v nebo.

A Night with a Threat in Its Muzzle

From the hotel room on the twenty-fourth floor the brown
rail cars in the old Shanghai station are like the steel
boats in which, at night, the darkness travels in the
company of winter. Night after night I keep watch in my
bright hotel tower over the railway platforms for the
travellers of old, who have already reached the end of their
journey. Night after night I fill their outlines with breath until
suddenly someone turns round and looks me in the eye. I am
overcome with loneliness, it travels like the cold from the extremities
to the centre of the breath, like a bullet through soft tissue,
so that in panic I dial the receptionist on duty for help.
One or two moments later a woman and a child come in,
they arrange paintbrushes on the bed, they dip them into my
freezing sweat and start to draw little water animals on my skin:
buffalo, tiger, ape, dog, cat, hare, filly, sheep,
ox, snake, bison, lion, lizard, rooster, butterfly.
We will set free the being that hides within you, they whisper,
as the images multiply on my flesh. When they finish drawing the last
animal I go to the window and leap with fiery wings into the sky.

Vodič

Ko si otrok v odročnem kraju,
kjer sove voščijo lahko noč,
kjer se odrasli odpravijo s puško
ali z vrvjo, kjer si vsako vozilo ogleda
pešca na trdo, kjer ima zgovornost
vinske botre, kjer se izgubiš v potočnem
žuborenju, laježu psov, kjer razen
poštarja in peka samo smrt trka
na vrata, se zaneseš na strah.
V sredini poseke, kjer se nabira
vročina, ti napolni sapnik s smolnato
tišino, da z odprtimi usti drviš domov.

Guide

When you're a child in a remote place,
where owls wish you good night,
where the grown-ups leave with a rifle
or with a rope, where every vehicle draws
a bead on the pedestrian, where eloquence
has wine-godmothers, where you get lost
in the murmur of a stream, in the barking of dogs,
where other than the mail-carrier and the baker
only death knocks at the door, you rely on fear.
In the middle of a clearing, where heat
collects, it fills your windpipe with the resinous
silence, so that with an open mouth you race home.

Gibalo

Babici v onstranstvu,
ena pepelnato mlada,
druga pokrita s starostnimi
pegami in prstjo,
a bosta vedeli za nitke,
ki jih pletejo v novo zgodbo?
Prva, junakinja brez besed,
brez telesa, prgišče prahu
na dnu jezera. Druga,
protagonistka z očmi pelargonije,
s prsti, v katerih domujeta
delo in sad. Skupaj sta poved,
ki jo nadaljujemo v trajnost,
os, okrog katere se vrtimo v število.
Ko bo gravitacija popustila,
ko bomo seštevek podedovanega
in pridobljenega, ko nas bo
odneslo na vse strani,
a bosta kdaj potegnili nit,
sparali svoj delež?

Perpetuum Mobile

Both grandmothers in the beyond,
one ashen young
the other covered with
age spots and earth:
will they know about the threads
that knit them into a new story?
The first, a heroine without words,
without a body, a handful of dust
on the bottom of a lake. The other,
a protagonist with the eyes of a geranium,
with fingers in which reside work and fruit.
Together they are the confession
that we extend into permanence,
the axis around which we spin into a number.
When gravity slackens off,
when we are the sum of what is inherited
and what has been acquired, when we are
carried away in all directions,
will those two ever pull the thread,
unpick what they share?

1

Pesem, ki bi rada šla na fešto,
se zazre na papir in vpraša:
A je to vse? Skozi zid udarja
bas, na sosedovem balkonu
se gnetejo kadilci, na stopnišču
se opotekajo parčki, zadeti
od hormonov, zakaj jaz večer
za večerom zrem trdno, trajno,
skorajda večno v nebo, merim
utrip vesolja, zvezdni prah na
obrveh nočnih prividov? Nehaj
me plesti v kitice; raje me
pregani v papirnat avionček
in spusti skozi okno.

2

Pesem, ki noče na svetlo,
se brani papirja, kakor še
dremav otrok hladne obleke.
Okleva na konici jezika, postopa
v odročni kamri zavesti, medtem
ko ji prigovarjam, jo pazljivo

Where You Are When You Are

The poem that would like to go to a party
looks at itself on the paper and asks:
So is this all? Through the wall comes the sound
of a bass, on the neighbour's balcony the
smokers are crowding together, down the staircase are
staggering the twosomes, high on hormones,
why is it that I evening after evening keep
looking fixedly, without stopping, almost
forever at the sky, measuring
the pulse of the universe, the stardust on
the eyebrows of night-time mirages? Just stop
weaving me into verses; rather,
fold me into a paper airplane
and launch me out the window.

2

The poem that shuns the light
shrinks away from the paper, like a still
sleepy child shrinks from cold clothes.
It hesitates on the tip of a tongue, loiters
into remote chambers of consciousness, while
I try to convince it, carefully

priganjam: Spusti se v besedo,
v gnezdo, polno zvočnikov in
šumevcev; z veščimi dlanmi te
bodo zgnetli v obliko, da boš
zakorakala dol po vrsticah kot
manekenka na modni stezi.
Poslovi se od klepetavega srca
in se izseli iz mene. Morda
bom že jutri nekdo drug in
ti ostaneš v temi.

3

Pesem, ki me vara že
od samega začetka, prispe
odeta vsa v črno, da se
prikupi žilici, ki je udarjena
na mračno stran. Primem
jo za laket in povedem
na plesišče papirja, kjer jo
občasno oprezno zavrtim
v rimo, da resnobni dami
ne skuštram prispodobe.
A gospa nenadoma bije
v drugem ritmu. Preden
se zavem, vodi ona in jaz
lovim korak s tujimi zlogi.

urge it: Drop into a word,
a nest full of voiced consonants and
sibilants; with expert hands you will be
kneaded into shape, so that you will
parade down the verses like a
mannequin on a fashion runway.
Say goodbye to the chattering heart
and move on out of me. Perhaps
I shall be somebody else tomorrow and
you will stay in the dark.

3

The poem that has deceived me right
from the very beginning arrives
dressed all in black in order to
worm its way into a vein that has moved
to the dark side. I take it by
the elbow and lead it onto the
the dance-floor of paper, where I shall
from time to time carefully twirl it into
a rhyme, so that I do not ruffle
the metaphors of the serious lady.
But she suddenly strikes up a
different rhythm. Before I know
what is happening, she is leading and I
match my step to other syllables.

Negovanje

Negovanje ljudi je negotova
dejavnost, nezanesljiva kot vreme,
samcat trmast piš, in si sam v
obljudenem kraju. Bolje se je
preizkusiti v gojenju sobnih
rastlin, korenčkov ali motovilca.
Lahko je negovati mačke: mehke
tačke jih privedejo domov, če
je le prava vaba. Vsako zakotje jim
je prav, če tam domuje miš.
Sama najraje gojim strahove, drobne
in priročne, v odločilnem trenutku
me zagrabijo za rokav, na varnem
vzajemno ugibamo, kaj bi, če bi
v nas iznenada zacvetela drznost.

∽ Caring ∽

Caring for people is an uncertain
activity, unreliable as the weather,
one single stubborn breeze and you yourself
are in an inhabited area. It is better to
test yourself in tending indoor
plants, carrots, or field salad.
It is easy to care for cats: soft paws
bring them home, given the right
enticement. Any nook is right for them
as long as a mouse is living there.
I myself like, most of all, growing ghosts, little ones,
pocket ones, at the decisive moment they
tug my sleeve, in safety we help
each other guess: what might happen if
inside us suddenly bloomed audacity.

Prehod

Nabiram dneve na ogrlico leta.
Svetli ali temni se vsi zalesketajo,
ko potujejo skozme dragulji,
ki drgnejo dušo, da si utrujena zaželi
oddih od časa. Ko pojema zagon,
v oseki malodušja nespečna ribarim
po kanalih malega zaslona, kjer plavajo
mesojede ure, polne drugih življenj.
Ugasnem luč in kakor otok, ki
si ga je luna izbrala za to noč, stavim
na plimo, ki me bo v kratkem odnesla
kamorkoli, s komerkoli, najsi bo
z moro dol po sanjski poti.

～ Passage ～

I thread days onto the year's necklace.
The dark ones and the light ones, as they travel
through me, all start to gleam—jewels
that chafe my soul until, exhausted, it
wants a rest from time. As the eagerness subsides,
unable to sleep, I fish in the low tide of my dejection
among the channels of the small screen, where swim
carnivorous hours, full of other lives.
I turn off the light and, like an island chosen
by the moon for this very night, position myself
at high tide, which shortly will carry me off anywhere,
with anyone, even if it should be with
the nightmare, down the path of dreams.

Počitnice

Kako si je lepo
oddahniti od sebe,
smukniti iz kože,
iz pričeske,
iz oguljenega imena.
Zaznati lastno senco
kot tujca s slamnikom
in prekratkimi hlačami.
Ko priplava katerakoli
ambicija na površje
vročega dneva, se potopi
kakor ladjica, ki jo fanta
spuščata v plitvini zaliva.
Na sosednjem ležalniku
se v neznanem jeziku
rešujejo križanke.
Vodoravno: poletje
v narečju morja.
Si prazen kvadratek,
ki čaka svojo črko.
Navpično: prošnja
za lahen odtis.

Holidays

How great it feels
to take a rest from yourself,
to slip out of your skin,
out from under your haircut,
out of your time-worn name.
To perceive your own shadow
as a stranger with a straw hat
and overshort pants.
When some ambition or other
makes its way to the surface
of the hot day, it submerges
like the little boat being lowered by
two boys into the bay's shallows.
On the neighbouring deck chair
crosswords in a language unknown
to you are being solved.
Across: summer in
the dialect of the sea.
You are an empty square
waiting for its letter.
Down: please
print lightly.

Lake Mendota

1

Kajaki, kanuji, jadrnice, ribiški
in tekmovalni čolni, četverci in osmerci,
zložljivi, eno- in dvosedežni, dvojci brez
krmarja stegujejo vratove, ko lovijo
popoldanski piš na čopasti modrini.
Okrog lesenih trebuhov, nekateri zibajo
v drobovjih nalovljene ščuke, muskalunge
in sončne ostriže, se opletajo vodne rastline,
cvetenje alg. V temi ledeniških usedlin
ugibajo, a so ribe, ki so v hipu in navpično
zginile na površje, zapadle siju enojambornikov,
iznenada verjele belim zastavam,
ki se v ducatih občudujejo na lesketajoči
površini jezera in šepetajo: »Zrcalce, zrcalce,
povej, katero voda vzela bo prej?«

2

V prazničnem vzdušju spominskega dneva,
dolgo preden ognjemeti zacvetijo na temni vodi,
ko veslač, še v pižami, na verandi motri ujete
oblake na sončnem svodu, vesla še dremajo
v čolnarni, v globini razkrojevalci klepetajo

1

Kayaks, canoes, sailboats, fishing boats
and racing shells, fours and eights,
collapsibles, one- and two-seaters, coxless
pairs, their necks stretch as they catch
the afternoon breeze on the crested blueness.
Around the wooden bellies, some rock in the
entrails of caught pike, muskellunge and sun
perch, the water weeds swinging to and fro, the
bloom of algae. In the darkness of glacial deposits
they guess whether the fish that suddenly disappeared
vertically, up to the surface, has fallen for the
glare of cutters, or suddenly had faith in the white flags
that in their dozens admire the sparkling surface
of the lake and whisper: "Mirror, mirror, tell us,
which one will the water take first?"

2

In the holiday mood of Memorial Day,
long before the fireworks blossom on the dark water, as an
oarsman, still in pajamas, on the veranda scans the captured
clouds on the vault of the sun, the oars are still drowsing
in the boathouse, in the depths decomposers chat

o starih znancih, ki so namesto naprej zapluli
navzdol, v rajon prerasti, živalskega planktona.
Med mezinci rmanca so se hočeš nočeš lotili
limnologije, dokler jih ni posvojila. V zatišju zaliva,
kjer se valovanje in veter lovita v sestojih trsa,
se nekdo, ko plivkajo skozi špranje čolna,
nenadoma spomni govorice bivšega telesa.

about old acquaintances who have sailed not ahead but right downward, to the region of undergrowth, of animal plankton. Between the pinkies of the milfoil they willy-nilly took up limnology until it adopted them. In the lee of the bay, where the waves and the wind are brought to a halt in the reeds, someone, as the splashes come through the cracks in the boats, suddenly recalls the sayings of their former body.

Pogled zavesti

Ko čakamo na jutranjem peronu
dremave postave v poslovnem šiku,
se sapa dviga kakor para nad lokomotivami.
Za ogrevanje zagona na mobilcu
preverjamo vozni red dneva:
minute se grmadijo v sestanke,
ure obtičijo v metežih pogovorov,
kjer vsi na tihem iščejo izhodna vrata,
za katerimi plavajo kakor krapi
v ribniku besede za osebno uporabo,
tiste, ki jih bomo snedli na hodniku,
da nam bo posel lažji. Niso zabeleženi
trenutki, ko se bosta obraz in duša
utrujeno zazrla skozi okno dneva –
za hip se bodo tabele in grafi sešteli v ničlo,
v kateri plava srce kakor rumenjak.
Naposled zvočnik najavi vlak.
Premraženi stopimo iz zavetja na robnik,
a ko se zazrem v tirnice, se mi zavrti,
se nekdo v globinah zavesti
napoti proti površju, se nekdo v meni
nenadoma oklene zapestja, nekdo,
ki je in hkrati ni, šepeta,
tudi brez Vronskega smo lahko Ana.

The Look of Consciousness

When we wait on the morning platform
of the drowsy station in our business chic,
our breath rises like the smoke over the engines.
To get our keenness warmed up we check
the day's schedule on our mobile:
minutes accumulate into meetings,
hours get jammed in blizzards of talks
where everyone secretly looks for the exit
beyond which, swimming like carp
in a fish pond, are words for personal use,
the ones that we will scarf down in the corridor,
so work gets easier to take. There is no entry
for the moments when face and soul will tiredly look
at each other through the window of the day—
in a moment tables and graphs will add up to a zero
in which the heart swims like an egg yolk.
At last a loudspeaker announces our train. Bitterly
cold we step from the shelter to the platform edge,
and when I look at the rails I get dizzy,
somebody in the depths of consciousness
makes for the surface, somebody within me
suddenly grabs my wrist, somebody who at the same
time both is and is not whispers:
even without Vronsky we may be Anna.

Dreams Limited

Nekateri govorijo o denarju
kakor o ljubimcu, ki je samo
skočil v trgovino po cigarete in
se nikoli več ni vrnil. Allison pravi,
da ga bo, če se kdajkoli pojavi,
ugrabila in skrila pod blazino,
da se ji bo končno kakor princeski
na grahu zeleno dremalo. Drugi
sanjajo, kako se mu zarijejo
v papirnate grive, mu razkuštrajo
bankovce in z njim vsaj enkrat
skočijo čez plot. Tina bi si ga zataknila
med nedra, kajti če diši po denarju,
dan zgubi potni vonj. Moški,
s kozarcem bourbona v roki, bi ga
rad ujel v sod. Preostala bi mu samo
še ena dosmrtna skrb: kje so ledene
kocke. Vsi na skrivnem sanjamo,
kako mu sežemo v žep in mu
izmaknemo kovanec, pravi kovanec,
tisti, ki nas pripelje preko reke.

Dreams Limited

Some people talk about money
as of a lover who just dashed
to the store for cigarettes and
never came back. Allison says
that should it ever appear she will
grab it and hide it under her pillow,
so that she will finally have a green sleep
like the princess on the pea. Others dream
about how they will claw through its
paper manes, fondle its banknotes and,
at least once, have an affair with it.
Tina would like to stick it down
her bra, for if the bra smells of money the day
will no longer reek of sweat. The man
with the glass of bourbon in his hand would
like to lock it up in a barrel. He would be left with
just one final worry for the rest of his life: where the
ice cubes are. We all dream in secret
that we reach into its pocket, lifting
one of its coins out, the right coin,
the one that will take us over the river.

To-Do List

Že navsezgodaj te odkljukam,
ker še vedno spiš. Skupaj s soncem
zavrtiva rundo, seštejeva ulice v četrti,
odštejem tisto s psom. Med sestankom
potapljam ladjice. Ko nekdo reče »a štiri«,
pade projekt. Po kosilu vržem puško
v koruzo, nato ves popoldan seštevam
zrnca in preostalo municijo. Domov
grede skočim v trgovino po robo,
v katero zložim trud. Noge najdejo pot
v sosednjo gostilno: tam znanci
izenačujejo prazna leta in polne
kozarce v liho število. Ko se vrnem,
že napol spiš. Dremavo pregledaš
svoj seznam in me črtaš.

To-Do List

First thing in the morning I check you off the list,
as you are still asleep. Together the sun and I
make our rounds, we add up the streets in our district,
I subtract the one with the dog. During the meeting,
engrossed in a game of Battleships, when someone says "A 4"
the project goes belly-up. After lunch I throw in
the towel, so that all afternoon I am counting
the threads and strands. On the way home
I pop into the store for merchandise into which
I put my efforts. My legs find their way into
a nearby bar: there people I know
balance up the empty years and the full
glasses into an odd number. When I get back,
you are half asleep. Drowsily you look over
your own list and cross me off.

Prijavni urad

Stalno bivališče imamo v telesu,
ki potuje med oceanoma,
a je dovolj prostorno za nas vse,
po tukajšnjem zakonu za tujce.
Navadno prebivamo v njem,
le ob jutranjem teku se večkrat
spravimo na varno, dokler se ne
ogreje ohišje. Ko se odpravi
na delo, vzajemno strmimo v ekran,
mu nosimo kavo, navijamo živčne
končiče na papilotke, samo domotožni
slonimo na oknu in štejemo letala
na nebu. Ko ga obišče gripa, se
potuhnemo v upanju, da nam ne
bo zmedla ustaljenega hišnega reda:
sprva dolžnost, trma sledi ambiciji,
nato veselje. Edino strežnice
pokrivajo, odžejajo vročično telo,
sicer bomo vsi ob streho.

The Registration Office

We have a permanent dwelling in a body
that travels between two oceans,
but there is enough room for all of us,
according to the local law for foreigners.
Normally we reside in it,
only when we go running in the morning do we
often take refuge somewhere safe until
the housing warms up. When it is leaving
to go to work, we get together to stare at the screen,
bring it coffee, wind the nerve endings
into ringlets, just feeling homesick
we lean against the window and count the planes
in the sky. When it catches the flu we
duck low in the hope that the established
rules of the house will not be overturned:
first of all duty, obstinacy follows ambition,
and then pleasure. If it weren't for the serving women who
do the tucking in, cool down the feverish body,
none of us would have a roof over our heads.

Na levem boku dneva

1

Ko si zavest pomane oči,
se dogodki usedejo za mizo
in me vzamejo v precep.
Pustim, da pristajajo in
se dvigajo kakor lovska letala
na obleganem terenu.
Pozabila sem nanje. Zakaj
so se spomnili name?
Vsiljive spominčice – stisnejo
se med platnice zatajenega
poglavja. Cvetijo znotraj
mene, komaj vidno.

2

Ko se zazrem v zenice laži,
mi je nanagloma jasno,
da sem v njeni pesti.
Nepremišljena beseda
potuje nad mano, nizek oblak –
v trenutku pozabe, ko brez
dežnika stopim v pogovor,
se bo srd zlil name.

On the Port Side of the Day

1

When consciousness rubs its eyes,
events sit down at the table
and interrogate me.
I let them land and move
like fighter planes
on occupied territory.
I had forgotten them. Why
did they remember me?
Intrusive forget-me-nots—they snuggle
between the covers of a concealed
chapter. They bloom inside
me, only just visible.

2

When I look into the pupils of a lie
I suddenly realize
that I am in its fist.
An unconsidered word
travels above me, a low cloud—
in the moment of forgetfulness, when
with no umbrella I step into a conversation,
wrath will pour over me.

Oblije me obžalovanje,
a še sveža laž sikne: tudi
če zbežiš iz moje hiše,
planeš brez padala iz vrtoglave
prevare na tla resnice.
Kdo bo verjel, da nisi
moj stalni gost?

3

Ko je pobegnil pogum,
po lestvi levega rebra,
je spotoma pretipal žepe
za besednim drobižem, dovolj
za kariero kje drugje. Morda
je še prostor med drugim
in tretjim oblakom, ki složno
potujeta preko obzorja.
Pod mentorstvom ozračja bi se
lahkotno oblikoval v gobo,
iz gobe v ovco, iz ovce v zmaja,
nato v tornado, ki bi me odnesel
drugam, ostala bi samo lestev,
prislonjena na zrak.

Remorse envelops me,
and the lie, still fresh, hisses: even
if you escape from my house
you will zoom down from a vertiginous
deception onto the floor of truth.
Who is going to believe that you
are not a permanent guest of mine?

3

As bravery was running away
up the ladder of the left ribs,
on the way it ran its hands over its pockets,
looking for small change in words, enough
for a career somewhere else. Maybe
there is space between the second
and third cloud, which are travelling
hand in hand towards the horizon.
Under the supervision of the atmosphere it
might lightly change its shape into a mushroom,
from mushroom to sheep, from sheep to dragon,
then into a tornado that would carry me off
elsewhere, only the ladder would remain,
leaning against the air.

Drago življenje,

sedaj ko sem starejša od sebe,
si želim, da mi čas preneha mečkati
telesno obleko, da spomin bolj ali
manj ljubljene prince in druge
prijazne junake pošlje dol po stezi
pozabe kakor poprej čebelico Majo,
Piko Nogavičko in odrezane kite.
Sedaj ko sem starejša od sebe,
si ne želim činčina kozarcev,
čestitk »sploh se ti še ne pozna«.
Sedaj ko je noč starejša od mene,
si za obletnico želim obisk lune:
obzirno kakor frizerka stari stranki
mi razčeše zemeljsko telo.

Dear Life,

now that I am older than myself,
I want time to stop making creases in
my bodily clothes, I want my memory
to send all the more or less loved princes
and other charming heroes down the path
of oblivion just like it did to Maya the Bee,
to Pippi Longstocking and to the braids I cut off.
Now that I am older than myself I don't want
the chinking of glasses, congratulatory
wishes, "No one could tell by looking at you."
Now that the night is older than me, I wish for myself
for my birthday a visit from the moon:
considerately, like a hairdresser with an old
customer, she combs out my earthly body's hair.

~ Čakanje ~

Čakanje – čakanje,
zdaj zdaj se bo pripetilo,
zdaj zdaj se bodo iztirili
robovi sveta, zaneslo nas bo
v neznano krivuljo vesolja,
drveli bomo, žogice hrepenenja,
po brezimni orbiti.
Alo stara mama, alo prababica, alo dedek!
Kako brezhibno, elegantno se gibljete,
hitreje od svetlobne hitrosti,
v tihem šiku smrti,
mi lovimo sapo in korak,
gojimo strah,
grejemo dušo na oltarjih,
prosimo, prosimo,
prosimo tako dolgo, da zaslišimo glas,
ki nas bo pospremil in predstavil
gluhonememu vesolju,
nam zapel uspavanko,
aja tutaja, aja tutaja,
iz mene izhajaš, k meni prihajaš,
ko prestopimo mejo zemlje

Waiting

Waiting—waiting,
right now it will happen,
right now will be derailed
the borders of the world, we will be taken
away into an unknown curve of the universe,
we will speed, balls in the game of longing,
along nameless orbits.
Hi, grandma, hi, great-grandmother, hi, grandfather!
How perfectly, how elegantly you move around,
faster than the speed of light,
in the quiet chic of death,
we catch our breath and check our pace,
we tend to our fear,
we warm our souls on altars,
we ask, we ask,
we ask for so long that we get to hear the voice
that will accompany us and introduce us
to the deaf mute universe,
that will sing us a lullaby,
rock-a-bye baby, rock-a-bye baby,
from me you go out, into me you come,
when we step across the border of the world

Afterword

Cvetka Lipuš is a nomadic poet who writes in the Slovenian of her own Austrian Carinthia and, at the same time, thinks in the German and in the English of her two other linguistic homes: Austria and the United States. Poetry enables her both to feel most at home in language and to express herself in it most skilfully. For this reason, in her seventh collection of poems (her first in some time), a collection originating in America rather than in Europe, she writes, "When we are alone we slip off into the past / as into a bathrobe. How softly it clings to us" ("Watch Us Float"). But this bathrobe, paradoxically, speaks to her journeying from language to language, from culture to culture, from Železna Kapla/Eisenkappel in Carinthia—where she was born into the family of the author Florjan Lipuš—to her studies in Celovec/Klagenfurt and Vienna and her fifteen years in Pittsburgh, Pennsylvania. And then to life in Mozart's city of Salzburg. In her poetry Lipuš experiences new surroundings and simultaneously realizes: "In whatever direction I go, the days walk behind me / like obedient puppies behind their master" ("Open End"). For this reason she may, concurrently, sink into herself, into questions that, as she herself says, "we prefer, actually, to avoid: how are we to fit our own story into the wider one, how are we to say that we are part of a story that transcends our own?"*

Lipuš brought herself to our attention with her debut collection, *Pragovi dneva* [*Thresholds of the Day*], in 1988; this was followed by *Doba temnjenja* [*Times of Darkness*] (1993), *Geografija bližine* [*Geography of Closeness*] (2000), *Spregatev milosti* [*Conjugation of Mercy*] (2003), *Obleganje sreče* [*Siege of Happiness*] (2008), *Pojdimo vezat kosti* [*Let's Go Tie Up Some Bones*] (2010), and *Kaj smo, ko smo* [*What We Are When We Are*] (2015). Four of her collections have also been published in German translation. Her poetic voice is independent and original; it pierces our mundane, automatized perception; it goes beyond the barrier of language and culture to discover new territories of freedom and into them seductively invite the reader:

> Sins, betrayals, murders, deceptions,
> beauty spots on a heated complexion.
> Touch the right place: I shall clothe them
> into a verse and knock on the door of a sonnet.

Her poetry laces traditions together and, in so doing, leaps over the geography from New York to Kuala Lumpur, so that

---

* Quoted in Valentina Plahuta Simčič, "Nagrada Prešernovega sklada: Cvetka Lipuš, pesnica" [Prešeren Fund Award: The poet Cvetka Lipuš], article and interview in *Delo, Sobotna priloga* [Saturday supplement], "Kultura," 5 February 2016.—TP

it endows the reader with delight in poetry as a pathway across the border between language and culture.

Tomaž Toporišič
(translated by Tom Priestly)

About the Author
and Translator

Cvetka Lipuš was born in 1966 in the town of Železna Kapla/
Eisenkappel, which is situated in the Slovenian-German bilin-
gual part of the Austrian province of Carinthia (Koroška/
Kärnten). Southern Carinthia includes several districts
where the Slovenian-speaking population firmly maintains
its linguistic identity. Writing in Slovenian has never been in
question for Cvetka; other writers of the Slovenian minor-
ity have meanwhile shifted to German, the language of the
majority population.

She studied comparative literature and Slavistics at the
universities of Celovec/Klagenfurt (Carinthia), Ljubljana
(Slovenia), and Vienna. She lived in the United States from
1995 to 2009 and studied library and information science at
the University of Pittsburgh. She moved to Salzburg, Austria,
in 2009.

She has published seven collections of poetry: the first
three in Klagenfurt, the remainder in Ljubljana. The poems in
the four collections preceding this one (all mentioned above,
in the afterword) were written in the United States; *Kaj smo,
ko smo* was written after her move to Salzburg. The seven thus
represent her life in three countries. Five of these have been
published in book form in German translation. Among her

awards, she has received the Carinthian Provincial Literature Prize; a grant from the Austrian Federal Ministry for Education, Art and Culture; the Austrian State Grant for Literature; and, most recently, Slovenia's prestigious Prešeren Fund Award, in 2016.

Tom Priestly was born in Uganda in 1937, grew up in England, and emigrated to Canada in 1966. He taught Russian language and Slavic linguistics at the University of Alberta and conducted research on dialect structure and language maintenance in the Slovenian-speaking part of Austria. Since 1992, he has published translations and co-translations of the work of over fifteen Slovenian poets into English, ranging from seminal work by the nineteenth-century luminary Francè Prešeren to recent popular children's songs.